INSTRUCTION

DE SA MAJESTÉ TRÈS-FIDÉLE, A SON MINISTRE EN COUR DE ROME.

Du 8. Octobre 1757.

INSTRUCTION

QUE SA MAJESTÉ TRÈS-FIDÈLE a fait expédier à Francifco de Almada de Mendonza, *fon Miniftre en Cour de Rome, au fujet des défordres que les Jéfuites ont commis dans ce Royaume & dans le Bréfil, pour en rendre compte au très-faint Pere Benoît XIV, avec le précis des attentats que ces Religieux ont commis dans le Nord & dans le Sud de l'Amérique Portugaife.*

Du 8 Octobre 1757.

IL y a long-temps que votre Seigneurie eft inftruite des intrigues féditieufes que les Jéfuites de Portugal ont tramées dans cette Cour, dans celle de Rome & dans toutes les Cours d'Europe contre le fervice du Roi notre Maître, & l'intérêt public de ce Royaume & de fes conquêtes. Leur méchanceté leur a fait inventer, écrire, infinuer & publier de prétendus malheurs & défordres qui n'ont jamais exifté. Le but que leur malice se proposoit, étoit d'imprimer de toutes parts dans la crédulité du public tout ce qu'ils ont cru le plus capable de donner une idée sinistre du très-religieux, très-régulier, & très-heureux gouvernement de Sa Majesté. Ils vouloient ainsi faire perdre de vûe les avantages inexprimables, que, pour la gloire immortelle de Sa Majesté, les Sujets du Portugal & de ses dépendances, ont reçus de son gouvernement, & qu'ils ne cessent de publier avec des bénédictions infinies & des prieres innombrables pour la conservation de la vie & de la prospérité de leur Auguste Bienfaiteur.

Mais vous pouvez ne pas sçavoir encore les vraies causes de ces abominables excès, parce que l'incomparable clémence de Sa Majesté, & son extrême dévotion pour les glorieux saint Ignace de Loyola, saint François-Xavier & saint François de Borgia, ont suspendu non-seulement l'indéfectible justice de Sa Majesté, mais encore les effets de la protection qu'elle doit à ses Sujets pillés & opprimés. Sa Majesté espéroit qu'une si grande modération pourroit procurer l'amendement de désordres si grands & si extraordinaires, sans donner atteinte à l'honneur des enfans d'une mere aussi sainte & aussi vénérable que la Religion de la Compagnie.

Les détestables excès que vous verrez dans l'exacte & fidéle relation qui sera jointe à cette Lettre, cotée N°. V. & l'incorrigible obstination qu'ils ont manifestée, ayant fait perdre toute espérance d'amendement, l'autorité Royale & la constante protection que Sa Majesté doit aux peuples que Dieu lui a confiés, l'obligent enfin d'appliquer les derniers remèdes à des maux aussi extrêmes, que ceux qui sont constatés par la même relation.

L'on y a obmis le récit de biens plus grands & plus horribles scandales, qu'il n'étoit pas possible de supporter sans une extrême indécence, & sans blesser la pudeur de ceux qui les auroient écrits, ou qui les auroient entendus. On a donc cru devoir se restreindre dans cette relation aux faits les plus publics, & dont la notoriété est telle, qu'il est impossible de les déguiser & de les obscurcir. Il n'y a pas plus de moyen d'en nier la certitude, que celle de faits que leur évidence met sous les yeux de tout le monde, & qui de leur nature sont incontestables. Encore Sa Majesté a-t-Elle le plus grand déplaisir d'être obligée de manifester de si grands désordres, & l'entiere corruption des Provinces de la Compagnie dans le Portugal & le Bresil.

Vous trouverez dans cette relation la preuve convaincante, qu'il y a bien des années que ces Religieux ont absolument renoncé à l'obéissance qu'ils doivent aux Bulles & commandemens des Papes, à l'observance des loix les plus nécessaires pour la conservation de la paix publique de ces Royaumes, à la fidélité dûe à leurs Monarques, & à la pieuse instruction de leurs Sujets. Ils ont sacrifié toutes ces obligations Chrétiennes, religieuses, naturelles & politiques à une ardeur aveugle, insolente & sans bornes, de s'emparer des gouvernemens politiques & temporels, à desir insatiable d'acquerir & d'amasser des biens d'autrui, & même d'usurper les Etats des Souverains. Rien n'a été capable de les détourner de ces abominables transgressions, sur-tout quand ils ont vû qu'elles pouvoient servir de moyens pour parvenir à des fins si répréhensibles & si contraires à leur saint Institut, pour lequel ces mêmes Religieux ont fait voir un mépris aussi absolu que scandaleux.

Enfin l'extrême corruption de ces infortunés enfans d'une si sainte Religion en est venue à un point si déplorable dans le Royaume de Portugal, & plus encore dans ses Domaines d'outremer, qu'il s'y est très-peu trouvé de Jésuites qui ne parussent être plutôt des Marchands, des Soldats ou des Tirans que des Religieux.

Il n'étoit plus possible de dissimuler de si grands désordres sans courir le risque de les rendre absolument irrémédiables. C'est ce qui a déterminé Sa Majesté à prendre enfin des mesures efficaces pour prévenir la desolation entiere de ses Sujets & de ses Etats, & même la ruine totale des Provinces de cette Compagnie, qui ne pouvoit manquer d'arriver, si l'on n'y apportoit le plus prompt remède, autant qu'il pouvoit dépendre de l'autorité temporelle de Sa Majesté.

Comme les Confesseurs de cette Cour & leur libre entrée dans le Palais étoient le plus fort appui de l'insolence & de l'audace que ces Peres ont fait éclater, tant en Europe qu'en Amérique, le Roi notre Maître a commencé par ordonner à tous les Confesseurs Jésuites, des Princes & Princesses du sang Royal de se retirer dans les Maisons de leur Ordre. A leur place Sa Majesté a nommé pour son Confesseur *le Pere Antoine de Ste Anne*, Provincial actuel des Capucins de *Sancta Maria de Arrabida*, en conservant pour Confesseur de la Reine le Vicaire général des Augustins Déchaussés, *le Pere Antoine de l'Annonciation*, qui depuis du tems occupoit cette place. Et pour Confesseur de la Princesse héréditaire, & de Mesdames les Infantes, Sa Majesté a nommé *le Pere Joseph Péreira de Ste Anne*, Provincial actuel des Carmes. Monseigneur l'Infant *Dom Pedro* a choisi pour son Confesseur celui du Roi. Monseigneur l'Infant *Dom Antonio* a pris pour le sien *le Pere Antoine de Ste Marie des Anges*, Exprovincial des Franciscains de la Province de Portugal : & Monseigneur l'Infant *Dom Manuel*, *le Pere Valere du Saint Sacrement*, Capucin de la Province de S. Antoine.

En même tems le Roi a interdit au Pere Provincial de la Compagnie & à tous ses Religieux l'entrée de son Palais, jusqu'à nouvel ordre, & jusqu'à ce que Sa Majesté fût assurée que ces Religieux auroient conformé leur vie & leur conduite aux obligations de leur saint Institut. Et pour parvenir à un but si juste & si nécessaire, Elle a aussi ordonné que l'on prît tous les moyens qui dépendent de son autorité, & du pouvoir qu'Elle a de faire inviolablement observer dans ses Royaumes & Etats, les saints Canons & les Constitutions Apostoliques, qui défendent aux Réguliers, & encore plus aux Religieux de la Compagnie, & à tous Missionnaires de s'imminscer dans les affaires temporelles, dans la pratique du commerce, & des intérêts de la banque; enfin, de faire exactement observer les Concordats faits avec le Saint Siége, qui dans ce Royaume ont la force de loi & de coutume.

Mais comme tout ce que le Roi peut faire comme Prince temporel, ne peut s'étendre que sur des choses de cette nature, & ne suffit pas pour remédier aux maux spirituels, qui pourtant ont besoin du remède le plus prompt & le plus efficace, lequel ne peut émaner que du Souverain Pontife, & Vicaire de Jesus-Christ notre Seigneur sur la terre ; Sa Majesté vous ordonne de présenter au Saint Pere la fidele relation dont je vous ai parlé ci-dessus, avec le contenu en cette Lettre, & vous supplierez en même tems Sa Sainteté qu'il lui plaise de mettre en usage sur un sujet si important les moyens les plus efficaces & les plus capables de faire absolument cesser les abus, les excès & les crimes qui se commettent journellement dans les susdites Provinces régulieres, & de les obliger de se conformer à leur sainte & primitive observance, enfin que l'on y puisse voir revivre les exemples dignes de louanges & d'imitation, qui depuis tant d'années se trouvent ensevelis sous les horreurs de scandales si énormes, si universels & si publics.

Ceux qui ont causé le plus de dommage aux habitans des Etats de Sa Majesté en Amérique, auroient dû cesser en grande partie, par l'exécution de la Bulle de Sa Sainteté du 28 Décembre 1741, insérée dans le Mandement de l'Evêque du grand Para, qui eſt joint à cette Lettre ſous le N°. II. comme auſſi par l'exécution des deux Ordonnances de Sa Majeſté, ci-jointes, auſſi N°. III. & IV. Sa Majeſté les avoit fait publier à cette fin dans tout le Breſil, comme devant être le moyen le plus capable de faire entierement ceſſer les abus qui ont réſulté du défaut d'exécution des déciſions Pontificales, & des réſolutions Royales, lorſqu'elles pouvoient déplaire auxdits Religieux, & bien plus encore de ce qu'il ne ſe trouvoit perſonne qui oſât donner avis d'un abus ſi préjudicaible & ſi indécent. Un ſi grand mal ne venoit pas d'autre ſource que des fortes menaces, par leſquelles ces Religieux affectoient de faire ſonner bien haut le grand crédit de leur Compagnie, & de ceux de leurs Peres qui fréquentoient la Cour. L'on a eu tout ſujet de s'en convaincre dans ces derniers tems, quand on a ſçu combien de Gouverneurs & de Miniſtres zélés pour le ſervice de Dieu & de Sa Majeſté, ces Peres ont malheureuſement ruinés par leurs ſiniſtres artifices, quoique ces Officiers n'euſſent pas d'autre tort que d'avoir repréſenté à la Cour des vérités qui ne plaiſoient pas à ces Peres, & qui paroiſſoient alors incroyables; mais qui ne ſont devenues que trop certaines & démontrées depuis la guerre du Paraguay, la révolte du Maragnan, & tant d'autres déſordres manifeſtes & publiquement conſtatés par la ſuſdite Relation, cotée N°. V. ſans parler d'une infinité d'autres, du récit deſquels il ſeroit facile de faire de gros volumes.

Tout ceci conſidéré, Sa Majeſté vous ordonne de demander au Saint Pere une audience particuliere & très-ſecrette, pour lui rendre un compte exact de tout ce que je viens de dire. Sa Majeſté eſpere en conſéquence que la ſageſſe paternelle & Apoſtolique de Sa Sainteté n'obmettra rien de ce qu'exige une auſſi urgente conjoncture, pour empêcher qu'un Ordre qui a rendu tant de ſervices à l'Egliſe, ne ſe perde totalement dans ce Royaume & ſes dépendances, par la corruption des mœurs de ſes Religieux, & par le ſcandale public & général qu'ils ont donné par des déſordres & des abus ſi étranges & ſi continuels.

Le récit qui en eſt fait dans la fidele

Relation que je joins à cette Lettre, ayant pour fondement & pour preuves, des faits toujours subsistans, connus non-seulement de trois armées, mais encore de toute l'Amérique Portugaise & Espagnole, & venant directement, comme d'une source pure, des lieux mêmes où ces faits sont arrivés, sans mélange d'aucun rapport incertain & suspect, ne peut pas laisser lieu au moindre doute. C'est pourquoi Sa Majesté tient pour certain que Sa Sainteté n'hésitera pas un seul moment à prendre le parti convenable & nécessaire qu'exigent ces mêmes excès, pour faire rentrer ces Religieux dans les exercices de leur spirituel & saint Institut, en les forçant de ne plus s'ingérer dans des affaires politiques & des intérêts temporels & de commerce; afin que délivrés de la corruption où les a précipité leur désir effrené de gouverner les Cours, d'acquerir des richesses, & des intérêts de commerce, de pratiquer l'usure & les banques, & de s'enrichir de tous les biens de la terre, ils puissent servir Dieu & édifier le prochain, comme de vrais imitateurs des héroïques vertus des grands & glorieux saint

Ignace, ſaint François-Xavier, & ſaint François de Borgia, qui reluiſant comme de brillans flambeaux, non-ſeulement dans leur Ordre, mais encore dans toute l'Egliſe Catholique, y ont laiſſé les plus illuſtres exemples.

Il eſt ſur-tout eſſentiel que l'on conſidere avec toute la réflexion que le cas mérite, ce que l'hiſtoire nous apprend de la très-ſévére punition des Templiers, dont l'Ordre fut éteint à cauſe des ſcandales qu'ils avoient cauſés. Il eſt cependant certain qu'on ne lit nulle part que ces Chevaliers ſe ſoient jamais portés à des excès auſſi criminels que ceux dont les ſuſdits Religieux ſe ſont rendus coupables. Jamais on ne les a vûs, comme ces Peres, réſiſter ouvertement aux Papes & aux Rois, & ſe ſervir du crédit le plus énorme, pour énerver, ſoit directement, ſoit indirectement les Bulles des Papes & les Ordonnances des Rois. On n'a jamais accuſé ces mêmes Chevaliers d'avoir formé des Républiques de Sujets, audedans même des Etats des Princes, pour les faire révolter contre leurs Souverains. On ne les vit jamais s'oppoſer à main armée à tout ce qui pouvoit intéresser les Rois & les peuples de leurs Etats. Jamais ils ne furent accusés d'avoir aspiré à l'usurpation de Royaumes & d'Empires entiers. Mais les Jésuites sont coupables de tous ces crimes. Ils entrent dans leurs projets : ils n'auroient pas manqué de les porter en peu d'années à leur consommation, si l'on n'eût pas eu l'avantage de découvrir leur plan ambitieux & clandestin.

C'est en effet ce qu'ils auroient axécuté par le moyen de ces Colonies d'Indiens rebelles & sauvages qu'ils avoient établies, & dont ils s'efforçoient tous les jours d'augmenter le nombre dans toute cette vaste Contrée, qui s'étend depuis le Maragnan jusqu'à l'Uragai. Ils rendoient journellement plus abondantes & plus fortes ces nombreuses Colonies, par le commerce très-considérable & très-animé qu'ils pratiquoient clandestinement, par le moyen des Colléges, des Maisons Professes & résidences qu'ils possédent dans les Capitales des deux Royaumes de Portugal & d'Espagne, dans les grands lieux maritimes de ces Royaumes, & dans les pays d'outremer. Déja par tous ces moyens ils avoient comme fermé les deux Amériques Portugaiſe & Eſpagnole, par un cordon ſi fort, que ſi on les eût laiſſé faire, dans dix ans il auroit été impoſſible de le rompre, & de les débuſquer de ces Contrées, n'y ayant point dans toute l'Europe de Puiſſances capables de les forcer dans ces vaſtes bocages, défendus par des hommes, dont le nombre eſt preſqu'infini, dont les Jéſuites ſeuls connoiſſent la Langue & les coutumes, & dont ils ne ceſſent de nourrir & d'enflammer la haine implacable & irréconciliable qu'ils leur ont inſpirée contre tous les blancs qui ne ſont pas de la Compagnie. Que Dieu vous ait en ſa ſainte garde.

A Belem le 8 Octobre 1757.

DOM LOUIS DACUNHA.

A M. FRANÇOIS DE ALMADA DE MENDONZA.

LETTRE INSTRUCTIVE

Du 10 Février 1758 à François de Almada de Mendonza, Ministre de Sa Majesté T. Fid. en Cour de Rome, pour l'instruire jusqu'à cette époque de tous les excès énormes que les Jésuites avoient accumulés, aux désordres auxquels ils s'étoient livrés dans les Etats d'outremer de cette Monarchie, lorsque Sa Majesté s'est vue obligée de faire donner avis à N. S. P. le Pape Benoît XIV. des attentats de ces Religieux, par la premiere Lettre Instructive du 8 Octobre 1757.

LES désordres & les attentats que les Jésuites ont accumulés dans le Maragnan depuis le commencement du regne de Sa Majesté, dans la vûe de rendre impossible l'exécution du Traité des limites des conquêtes, les soulevemens qu'ils ont excités pour cette même fin dans les contrées du Paraguay & de l'Uraguay, & les cables qu'ils ont ourdies au-dedans même de ce Royaume & jusques dans le Palais du Roi, ſont de très-preſſans motifs qui ont déterminé Sa Majeſté à faire ſentir à ces Religieux ſon juſte pouvoir. En cela, Sa Majeſté ne fera que ce que tous les Souverains ont droit de faire, ſans pouvoir s'en diſpenſer, contre les Eccléſiaſtiques coupables de ſédition & de révoltes, quand même elles ne ſont pas ſi condamnables & ſi pernicieuſes que celles que les Jéſuites ont cauſées au Nord & au Sud du Bréſil, & au-dedans de ce Royaume & de cette Cour. Le Roi a d'autant plus de raiſon de le faire, qu'il a vû l'inutilité parfaite des premiers effets auxquels il a eu la modération de ſe reſtreindre, en ſe contentant de renvoyer de ſa Cour les Religieux de cette Compagnie qui en étoient les Confeſſeurs. Sa Majeſté eſpéroit que cette démarche feroit rentrer dans l'ordre le régime intérieur & perverti de ces Peres, & les porteroit à mettre fin à cette obſtination ſcandaleuſe avec laquelle ils s'oppoſoient à l'exécution du Traité des limites, & qu'ils ceſſeroient de troubler le repos de la Cour & des Sujets de Sa Majeſté. Mais cette clémence & modération de Sa Majeſté a produit des effets tout contraires à ceux que l'on en devoit attendre, ainsi que vous allez le voir.

2. Dès qu'ils ont senti qu'il étoit impossible de faire plier l'infléxible constance de Sa Majesté & de ses Ministres, & de les détourner du dessein de faire exécuter le Traité, dont ils ont bien compris que l'effet seroit de leur faire perdre l'empire qu'ils s'étoient formé dans le centre des Etats d'outremer des deux Monarchies ; dès qu'ils ont vû passer *Gomez Freire de Andrada* à la tête d'une armée dans la Province de *Rio de la Plata*, & *François-Xavier de Mendonza* dans celle de *Para* à la tête de trois Régimens de nouvelle création, ces Peres ont entiérement perdu le jugement & tout sentiment de Religion. Ils se sont livrés aussi-tôt, pour en venir à leurs mauvaises fins, aux pratiques les plus exécrables, pour calomnier & deshonorer par des fables pleines d'infâmie le très-heureux gouvernement du Roi & la fidélité de ses Ministres. Et mettant en œuvre parmi nous les mêmes moyens qu'ils ont tant de fois pratiqués dans plusieurs autres Cours, ils ont commis des excès qui nous ont remplis d'horreur & d'épouvante.

3. D'une part, ils se sont appliqués à gagner les personnes qu'ils sçavoient être mécontentes du Gouvernement, soit parce que le Roi ne les employoit pas à son service, soit parce qu'il leur avoit refusé des places qu'ils n'avoient pas méritées. Ils ont répandu de vive voix & par écrit des impostures inouies, des mensonges, des injures outrageantes contre Sa Majesté. Ils se sont efforcés de noircir & de défigurer les effets admirables de la sagesse & de la bonté d'un Roi, pere de ses Peuples, qui les a comblés de tant de graces, & qui fait de jour en jour respecter & adorer, pour ainsi dire, la sagesse & la justice de son incomparable & très-heureux Gouvernement.

4. D'autre part, à l'aide de ces artifices Machiavéliques, ils se sont efforcés de rompre la bonne intelligence qui regnoit entre cette Cour & les autres, & de la brouiller en particulier avec celle d'Espagne; non-seulement en y répandant des impostures capables d'offenser personnellement les Souverains des deux Royaumes, mais encore en supposant de prétendus préjudices qui devoient résulter contre l'une & l'autre

Cour, de l'exécution du Traité. En effet, ils insinuoient à Lisbonne que le Portugal étoit bien trompé dans ce Traité, & à Madrid ils disoient que c'étoit l'Espagne qui étoit trompée par la Cour de Portugal.

5. En même tems, quand ils apprirent l'établissement de la Compagnie du Para, comprenant qu'elle alloit ruiner le gros commerce qu'ils faisoient dans ce pays-là, ils se porterent aussi jusqu'à l'audace excessive de s'efforcer d'exciter contre cette Compagnie un soulevement général au-dedans de la Cour de Sa Majesté ; ce qui n'auroit pas manqué d'arriver, si le Roi ne l'avoit sur le champ prévenu par l'exil du Pere *Ballester*, qui avoit eu la hardiesse de faire tout exprès un Sermon très-insolent pour soulever le peuple contre cette Compagnie du Para. Ce Pere crioit comme un forcené dans sa Chaire, que *quiconque entreroit dans cette Compagnie, n'auroit aucune part à celle de Notre-Seigneur Jesus-Christ*. Le Roi fut encore obligé d'exiler le Pere *Bonto de Fonceca* qui, en personne & par d'autres émissaires de sa Société, alloit faire de semblables déclamations dans les

maiſons des Miniſtres & des particuliers, quand ils ſe flattoient d'y trouver de mauvaiſes intentions, ou une ignorance dont ils pouvoient abuſer. En même temps Sa Majeſté exila ou fit arrêter les Commerçans de la Compagnie appellée du *Bien Commun*, qui par la ſuggeſtion de ces Religieux, oſerent, avec plus d'ignorance que de malice, préſenter au Roi à ſon Audience un Mémoire ſéditieux; ce qui détermina le Roi à ſupprimer auſſi-tôt cette Compagnie du *Bien Commun*. Par ces démarches & autres auſſi dignes de la ſageſſe de Sa Majeſté, Elle confondit & déſarma toutes ces intrigues, & d'autres encore bien plus exécrables, pour leſquelles on étoit même allé juſqu'à ſe ſervir d'Etrangers qui ſe trouvoient alors dans cette Capitale, & qui furent aſſez inconſidérés pour ſe prêter à de ſemblables pratiques.

6. Sur ces entrefaites arriva le tremblement de terre. Cette terrible calamité fournit aux Jéſuites un nouveau théâtre pour jouer, dans une conjoncture ſi triſte & affligeante, les rôles les plus propres à les faire parvenir à leurs fins déteſtables. Jamais la méchanceté ſi fer-

tile de Nicolas Machiavel n'inventa rien que la diabolique politique de ces Peres ne pratiquât alors. Ils forgerent des prophéties pleines de ménaces de nouveaux désastres qui devoient être causés par des éruptions & des déluges de feux souterreins, & des eaux de la mer. En même tems ils faisoient insérer, tant par eux que par leurs émissaires, dans les Nouvelles publiques qui ont cours en Europe, des relations de nouveaux malheurs, de miseres extrêmes, d'horreurs épouvantables, qu'ils disoient nous être arrivés, quoiqu'ils n'eussent pas eu la moindre ombre de réalité. Ils les annonçoient comme des punitions de péchés publics & scandaleux, qui n'étoient que des suppositions d'une imposture d'autant plus criminelle, qu'ils les plaçoient dans le temps de la réforme la plus réguliere & la plus exemplaire que la Cour & le Royaume de Portugal aient vûs depuis l'époque de la fondation de cette Monarchie. Ce n'est pas tout encore. Ils en vinrent jusqu'à cette incroyable audace, qui jamais n'a eu d'exemple, d'oser mettre sous les yeux de Sa Majesté ces Ecrits séditieux & remplis de toutes ces impostures. Ils espéroient par-là d'abattre & de consterner cette grande ame, à laquelle Dieu a accordé, pour notre bonheur, une sérénité à toute épreuve & supérieure à toutes ces malignes impressions. A cette énorme témérité, ils ont encore ajoûté celle d'abuser de la pieuse affection que le Roi a toujours eu pour les personnes qui portent l'habit des Capucins ; &, par ce moyen, ils ont introduit à la Cour deux Peres Récollets, que pendant quelques années ils avoient logés avec eux dans leur Maison Conventuelle de S. Roch, & que depuis, pour se les assujettir davantage, ils avoient établis dans l'Hospice de Ste Apolline, quand ils en chasserent les Genois. Ils se sont servis de ces Récollets comme de leurs instrumens, non-seulement pour inspirer les frayeurs dont j'ai parlé, mais encore pour insinuer d'autres suggestions très-pernicieuses, dont la sagesse & la lumiére très-pénétrante de Sa Majesté a heureusement triomphé. Pour eux, (de concert avec ces Peres Récollets) ils s'étoient réservé le rôle d'appuyer & de confirmer toutes les impostures qu'ils leur avoient fait avancer, non-seulement dans

dans l'intérieur du Palais, mais encore dans ſes ſanctuaires les moins pénétrables & les plus ſacrés. Par ces moyens, s'ils avoient pu venir à bout de vaincre la ſageſſe & la conſtance de Sa Majeſté, le Royaume auroit été expoſé aux plus grands déſordres. L'autorité Royale auroit été entiérement renverſée, & du ſein d'une ſi horrible confuſion, l'on auroit vû s'élever l'Empire Jéſuitique, ſuivant toute l'étendue de leurs projets.

7. La découverte de ces intrigues, & la punition de ceux qui y avoient ſervi d'inſtrument, ne les arrêterent pas. Le Roi ayant fait publier l'établiſſement de la Compagnie chargée de la culture des vignes du Haut-Douro, la cabale que la prudence & la ſageſſe de Sa Majeſté avoit déſarmée dans ſa Capitale, ſe remit à tramer ſes funeſtes opérations dans la ville de Porto, ſeconde ville du Royaume. Les Jéſuites, chefs de cette cabale, y travaillerent avec ardeür à rendre odieux aux Sujets de Sa Majeſté, le Roi, ſon Gouvernement & ſon fidèle Miniſtere, en rebattant ſans ceſſe les imputations & les impoſtures qu'ils avoient répandues dans le Royau-

me & dans les pays étrangers. Ils abuſerent même de la ſimplicité des gens du commun, juſqu'à leur faire croire cette inſigne fauſſeté, que les *vins qui ſeroient vendus par la Compagnie qu'on venoit d'établir, ne vaudroient rien pour la célébration du ſaint Sacrifice de la Meſſe.* Ils firent extraire en même tems des Archives de la ville la relation du ſoulavement arrivé dans la même ville en l'année 1661, & la mettant entre les mains des gens mal-intentionnés & encore plus mal inſtruits, ils leur diſoient & répandoient par toute la ville que, ſi ce ſoulevement commençoit comme en 1661 par des femmes & des valets, il demeureroit comme alors ſans punition. Ils ſe ſervirent encore de ces ſuggeſtions pour animer d'autres Eccléſiaſtiques, que leur légéreté rendoit capables de ſe livrer à leurs inſinuations. Par ces moyens, ils vinrent à bout d'exciter l'horrible émotion du 23 Février de l'année derniere, qui fut comme le ſecond tome de celle de l'année 1661, ſans la moindre différence; ce qui força enfin le Roi de faire violence à ſa bonté, & lui cauſa l'extrême déplaiſir de punir les habitans de cette ville, mais avec toute la modération que pouvoit permettre l'indiſpenſable néceſſité de ne plus laiſſer ſans châtiment un exemple ſi pernicieux, & de donner à ſes fideles Sujets la ſatisfaction qu'exigeoit naturellement un ſcandale & un attentat ſi peu ordinaire dans le Royaume.

8. Rien au monde ne paroiſſoit plus capable d'abattre & de réprimer le téméraire orgueil de ces Peres. Ils devoient naturellement s'affliger & ſe remplir de confuſion & de regret, en voyant cette ville infortunée à la diſcrétion des gens de guerre, & ſes habitans gémiſſans dans les fers dont ils étoient redevables à la méchanceté de ces Religieux qui les avoient précipités dans cette calamité. Mais il en arriva tout le contraire, comme on a été obligé de s'en convaincre par des faits qu'il eſt impoſſible de nier.

9. De tels événemens, des conjonctures ſi délicates & ſi périlleuſes, font voir bien clairement la ſageſſe de la réſolution ſi néceſſaire que le Roi a priſe de chaſſer les Confeſſeurs de ſa Cour. C'étoit le moyen qui paroiſſoit le plus capable de déſarmer ces Religieux, &

de leur ôter le crédit que leur donnoient les Confeſſeurs de leurs Majeſtés & de la Famille Royale. Ils abuſoient de ce crédit, juſqu'à mettre ſous leurs pieds les Miniſtres mêmes & tous les citoyens, par la frayeur qu'ils leur cauſoient par leur grand pouvoir, & par cette appareil formidable qu'ils étaloient aux yeux de tout le monde. D'où il eſt arrivé, entr'autres effets pernicieux, que, pendant bien des années, on n'a oſé exécuter aucun ordre Royal, qui fût capable de cauſer le moindre déplaiſir à ces Peres.

10. Mais tout l'effet qu'a produit une démarche ſi modérée, eu égard aux motifs qui l'ont rendue ſi néceſſaire, a été de porter ces Peres à forger de nouvelles impoſtures, & à répandre les bruits les plus inſultans & les plus faux. Entr'autres fauſſetés, ils ont publié que leur *conduite dans le Maragnan & l'Uraguai a été auſſi juſte que réguliere; qu'ils n'étoient perſécutés qu'à cauſe des efforts qu'ils faiſoient pour conſerver la Foi dans ce Royaume*, *où*, diſoient-ils, *on avoit deſſein d'abolir le Tribunal du Saint-Office*, dont tout le monde ſçait que ces Peres ſont les plus grands enne-

mis, parce qu'ils n'ont pas pu se rendre maîtres de ce Tribunal. Ils ajoûtoient que *le Roi vouloit établir en Portugal la liberté de conscience ; qu'il pensoit à marier la Princesse héréditaire avec un Prince d'une autre Religion ; que le soulevement de Porto avoit été juste, & d'ailleurs de peu de conséquence, n'y ayant que des femmes & des polissons qui y avoient pris part ; qu'enfin il n'y avoit rien de plus injuste que le châtiment qu'on en avoit fait, &c.*

11. Le Roi étant donc convaincu par ces nouveaux motifs de l'indispensable nécessité de désabuser ceux de ses Sujets que l'on a imbus de si pernicieuses & de si sacriléges calomnies, & de démasquer enfin ces Religieux, en faisant connoître au Public une partie des très-justes raisons que *la décence peut permettre d'exposer aux yeux du monde*, & qui ont obligé Sa Majesté d'agir comme Elle l'a fait, Elle a ordonné l'impression des deux Ecrits, dont vous recevrez quelques exemplaires pour votre entiere instruction.

12. L'un de ces deux Ecrits (*a*) con-

(*a*) C'est ce même Mémoire que Sa Majesté a

tient de ſimples extraits des Lettres de Gomez Freire d'Andrada, de François-Xavier de Mendonza & de l'Evêque de Para. Ces extraits ont été tirés avec une grande préciſion, & *autant que la pudeur a pu le permettre*, des originaux authentiques qui ſont conſignés dans la Secrétairerie d'Etat. Ils ne contiennent que les faits publics & notoires qui ont été & ſont encore de la connoiſſance de tous les habitans du Bréſil, & de tous les Portugais qui ont des correſpondances dans ce pays-là.

13. Le ſecond Ecrit contient une copie de l'original de la Sentence rendue dans la Juriſdiction de Porto, ſur des procédures de quatre mille rôles. Le régime des Jéſuites y feroit une grande & énorme figure, ſi Sa Majeſté n'avoit cru dès le commencement que ſa piété l'obligeoit de ſupprimer, dans l'extrait qu'Elle en a fait faire, tout ce qui regarde les Eccléſiaſtiques.

14. Il eſt certain que ces deux Ecrits & les faits inconteſtables qui y ſont contenus, acheveront de faire connoître les cabales & les méchancetés que

fait préſenter au Pape pour demander la réforme de ces Religieux.

ces Religieux ont pratiquées dans ce Royaume. On y trouvera la conviction complette de toutes les impostures que ces Peres ont publiées. Il est également certain qu'après qu'ils ont vû qu'il ne leur étoit pas possible de tromper le Portugal, ils se sont appliqués avec des efforts & des soins plus grands encore à répandre dans les pays étrangers ces calomnies pernicieuses, qu'ils n'ont inventées que pour faire disparoître & nier avec une témérité incroyable les révoltes & les attentats qu'ils ont causés dans le Paraguai & le Maragnan. Ils ont eu l'audace de nier ce qui est de notoriété publique, & ce qui a été & est encore sous les yeux de trois armées & de tout le Brésil; ce qui est d'une témérité aussi grande que de nier qu'il y eût en Europe les Villes de Lisbonne, de Madrid & de Londres, en présence des personnes qui n'y ont point encore été. C'est par des artifices & des mensonges de la même nature qu'ils sont autrefois parvenus à rendre incroyables à la Cour de Madrid les attentats par lesquels ils ont opprimé en Asie D. Philippe Pardo, Archevêque de Manilles; en Amérique D. Bernardin de Cardenas, Evêque du Paraguai, & Dom Jean de Palafox & Mendonza, Evêque de la Puebla de los Angeles. C'est encore de moyens tous semblables qu'ils se sont servis pour rendre, pendant si long-tems, incroyables à la Cour de Lisbonne les plaintes multipliées des peuples & des Prélats du Brésil; de maniere que les unes n'ont jamais pu parvenir à la connoissance du Roi D. Jean V, & les autres, qu'ils n'ont pu lui dérober, sont demeurées pendant vingt-cinq ans sans effet avec les decrets donnés pour y mettre ordre, & qu'enfin, par la mort de ce Monarque, elles se sont trouvées dans les mêmes termes qu'au premier jour, sans que les ordres du Roi aient eu la moindre exécution.

15. Tel étoit le pouvoir de ces Peres dans cette Cour! Tel étoit leur énorme crédit dans les affaires, qu'il alloit jusqu'à s'élever au-dessus du respect dû à un si grand Roi! Tel enfin a été le préjudice que leur pouvoir & leur crédit ont causé aux deux Monarchies, en empêchant d'ajoûter foi aux représentations des Prélats les plus respectables, & aux plaintes des peuples opprimés, quand il étoit tems de les entendre &

d'y mettre ordre, avant que ces Religieux se fussent procuré en Asie & en Amérique les forces qui animent aujourd'hui si excessivement leur témérité.

16. Sa Majesté ordonne de vous donner connoissance de toutes ces choses, afin que vous, Monsieur, en puissiez faire l'usage convenable en tems & lieux opportuns, pour désabuser les personnes à qui ces Religieux ont fait illusion par leurs artifices.

Que Dieu vous ait, Monsieur, en sa sainte garde. A Salvaterra de Magos, le 10 de Février 1758, D. Louis d'Acunha. A M. François de Almada de Mendonza.

MÉMOIRE
DE
SA MAJESTÉ T. F.
AU PAPE
CLÈMENT XIII.

MÉMOIRE

Que Sa Majesté très-Fidele a fait remettre au Pape Clément XIII. avec sa Lettre du 20 Avril de la présente année 1759.

LA violence avec laquelle les Supérieurs de la Compagnie dite de Jésus, sans autre vûe que ses intérêts temporels, ont réduit à un entier esclavage les Indiens du Bresil; la tyrannie qu'ils n'ont cessé d'exercer sur ces peuples, en leur ôtant la liberté de leurs personnes, de leurs biens & du commerce; leur obstination à violer les Bulles & les Ordonnances par lesquelles le Saint Siége Apostolique & les Rois de Portugal défendent de vexer & d'opprimer comme des esclaves ces peuples, qui sont libres de droit naturel & divin; tous ces abus, qui du fond de l'Amérique ont retenti jusqu'aux oreilles de notre très-Saint Pere Benoît XIV. exciterent le zèle ardent de ce suprême & vigilant Pasteur, & le déterminerent à donner un Bref Apostolique, qui commence par ces mots, *Immensa Pastorum Principis*, en date du 20 Décembre 1741.

Ce Pontife y condamne hautement la tyrannie avec laquelle on traite les Indiens qui dépendent de ce Royaume. Il y excite le Roi D. Jean V. à faire usage de toute sa piété, pour réprimer par ses Ministres & par ses Officiers les rapines & les extorsions que souffrent ces Peuples. Il défend de les pratiquer davantage sous peine d'excomunication *latæ Sententiæ*. Enfin il y charge la conscience des Archevêques & Evêques du Bresil, d'employer toute leur vigilance pour faire dûment exécuter ces Lettres Apostoliques.

2. Le très-pieux & très-glorieux Monarque D. Jean V. prenoit toutes les mesures convenables pour faire concourir son pouvoir temporel avec la puissance spirituelle de Sa Sainteté à l'exécution de ce Bref & des Bulles, dont il renouvelle les dispositions, lorsqu'il en fut empêché par le fatal accident du 10 de Mai 1742 (*a*), dont les tristes effets ont duré sans discontinuation jusqu'au 31 de Juillet 1750, que

(*a*) Attaque d'apoplexie & de paralysie du Roi D. Jean V.

Dieu appella ce Prince à sa sainte gloire.

3. Ce Monarque étant mort, dans le tems même que le traité des limites des conquêtes des Cours de Portugal & d'Espagne venoit d'être ratifié, Sa Majesté très-Fidéle heureusement régnante, fit dès-lors expédier à ses Généraux & Officiers des frontieres du Bresil, les ordres nécessaires pour effectuer les échanges convenus entre les deux Couronnes, & régler les limites, selon qu'il étoit porté dans le traité susdit. La réponse de ces Généraux & Officiers fut, « Que l'exécution de ce » traité étoit sujette à de grandes diffi- » cultés, d'autant que les Supérieurs » des Religieux Jésuites, ayant ravi » aux Indiens la liberté de leurs per- » sonnes, de leurs biens & du com- » merce, ils s'étoient fortifiés de telle » maniere dans le pays, qu'il ne se- » roit pas facile de les réduire; que » ces Religieux s'étant rendus les Sei- » gneurs & les Maîtres absolus de tant » de milliers d'hommes inaccessibles » aux Portugais & aux Espagnols, & qui » n'avoient avec eux aucune commu- » nication, ils les tenoient dans une

» soumission telle qu'on n'en avoit ja-
» mais exigé de la part de créatures
» raisonnables. Que ces peuples si plei-
» nement & si singulierement soumis,
» se laisseroient plutôt mettre en piéces
» que de desobéir au plus petit com-
» mandement de ces Peres, & de re-
» cevoir dans leurs terres & habita-
» tions les Portugais & les Espagnols.

4. Ces étranges nouvelles ajoutoient au Bref du Pape du 20 Décembre 1741, un nouveau motif bien capable d'exciter le Roi très-Fidele à faire cesser cette domination tyrannique, que les Peres Jésuites exerçoient sur les Indiens, & à écarter les obstacles qu'ils mettoient à l'exécution du traité des limites. Mais Sa Majesté, malgré de si justes sujets d'indignation, crut devoir encore se contenir dans les bornes d'une modération bien plus grande que des conjonctures si extrêmes & si pressantes ne le permettoient. Elle se contenta donc de faire publier dans le Bresil par les Evêques Diocésains, le Bref du 20 Décembre 1741, & les deux Ordonnances que Sa Majesté avoit faites en conformité de ces Lettres Apostoliques, en date des 6 & 7 Juin 1755. Elle

espéroit que cette publication feroit sentir la nécessité d'observer les Bulles & les Loix Royales, qui ordonnent de laisser jouir les Indiens de la liberté de leurs personnes, de leurs biens & du commerce, & qui défendent aux Jésuites de s'immiscer dans le gouvernement temporel de ces peuples, qui ne peut appartenir qu'à des Généraux & des Officiers séculiers.

5. Ces Religieux n'eurent pas plutôt appris les ordres que Sa Majesté très-Fidele avoit donnés pour faire exécuter ces décisions Pontificales & ces Loix, qu'ils firent naître coup sur coup dans ces Régions, & parmi ces peuples les plus grands soulevemens & les plus horribles désordres.

Le Roi en fut informé par des relations authentiques, envoyées par les Prélats, les Généraux & les Ministres de ce même Pays, par deux navires qui venoient du Nord & du Sud de l'Amérique ; ces relations qui arrivèrent à Lisbonne aux mois de Juillet & d'Août 1757, ayant été vûes & attentivement considérées par des Ministres habiles & craignant Dieu, & Sa Majesté très-Fdele ayant fait de sérieuſes réflexions ſur les Conſeils unanimes de ces Miniſtres, avec ce diſcernement exquis & cette prudence conſommée qui font l'admiration & le bonheur de ſes Etats, Elle prit, conformément à ces Conſeils, les réſolutions ſuivantes.

6. En premier lieu, comme il étoit notoire à tout le monde que les emplois des Jéſuites dans le Palais de Sa Majeſté, & l'autorité qu'ils s'arrogeoient en conſéquence, leur donnoit lieu de ſe faire craindre à la Cour & dans le Royaume par leurs menaces & l'étalage de leur crédit, & de cauſer des troubles continuels dans le Breſil par l'oſtentation qu'ils y faiſoient de leurs richeſſes & de la force des armes de leurs Indiens, Sa Majeſté ſe détermina le 19 Septembre 1757, à congédier les Religieux de cet Ordre, qui étoient Confeſſeurs de Sa Majeſté & de la famille Royale, & à en nommer d'autres de différens Ordres qui ſont bien connus. Elle interdit en même tems aux Jéſuites l'entrée de ſon Palais, où ils avoient fait de leurs emplois un abus ſi préjudiciable au public.

7. En ſecond lieu, Sa Majeſté très-

Fidèle perſévérant, malgre tant d'excès énormes, dans ſa très-religieuſe modération, fit faire dans ſa Secrétairerie d'Etat, un Précis & Sommaire abrégé de ces mêmes relations autentiques venues d'Amérique peu auparavant dans les mois de Juillet & d'Août, & même de celles qui les avoient précédées. C'eſt ce qui fut exécuté dans ce petit volume intitulé, *Relation abrégée de la République que les Religieux Jéſuites des Provinces de Portugal & d'Eſpagne ont établie dans les Etats d'outremer des deux Monarchies, & de la guerre qu'ils y ont excitée & qu'ils y ſoutiennent contre les armées Eſpagnole & Portugaiſe.*

L'intention de Sa Majeſté étoit de donner par cet abrégé au Pape Benoît XIV. & aux Cardinaux de ſon Conſeil, pour les raiſons qui ſeront déclarées ci-après, une idée claire & préciſe des funeſtes progrès que l'ambition & l'orgueil des Supérieurs de ces Religieux leur ont fait faire dans les Etats d'outremer de la Couronne de Portugal.

8. En troiſieme lieu, Sa Majeſté très-Fidèle fit donner en même-tems à ſon Miniſtre en Cour de Rome, les inſtructions portées dans la Lettre de

ſon Secrétaire d'Etat du 8. Octobre de la même année, (*a*) afin que remettant entre les mains du Pape l'abrégé ſuſdit & la Lettre inſtructive, dont cet écrit étoit accompagné, il témoignât à Sa Sainteté l'eſpérance que Sa Majeſté avoit dans les meſures néceſſaires, très-néceſſaires, que Sa Sainteté ne manqueroit pas de prendre dans une conjoncture ſi preſſante, pour empêcher que cette Compagnie, qui avoit toujours été ſi protégée par les Monarques Portugais & ſpéciaclement par ſa Majeſté, ne ſe perdît entierement dans ce Royaume & dans ſes dépendances par la corruption des mœurs de ſes Religieux. Sa Majeſté ſe laiſſant encore perſuader par ſa très- religieuſe clémence, que le concours des remédes ſpirituels émanés du Saint Siége Apoſtolique & des marques ſenſibles qu'Elle avoit donné de ſon mécontentement, pourroient ramener ces Religieux aux devoirs de leur état.

9. Le Courier qui devoit porter à Rome les dépêches du Roi, étoit ſur le point de partir, lorſqu'on apprit par

(*a*) C'eſt la premiere piéce de ce Recueil,

des informations & des preuves décisives, que l'orgueil & l'arrogance de ces Religieux se portoient à de nouveaux excès. Bien loin d'être humiliés par leur disgrace, ils avoient porté l'audace jusqu'à répandre dans les Cours étrangeres de vive voix & par écrit, les plus outrageantes impostures, s'efforçant d'y donner une idée aussi fausse que sinistre du caractere de Sa Majesté très-Fidèle. Ils y noircissoient les vertus religieuses de Sa Majesté. Ils y décrioient la sagesse de son Gouvernement. L'objet principal de toutes ces calomnies, si conformes à leur doctrine & à leur morale, étoit de commettre la Cour de Portugal avec les autres Cours, d'éteindre dans le cœur des Sujets de Sa Majesté, l'amour & le respect si naturels à la nation Portugaise, & de parvenir par ces indignes voies à ourdir les intrigues les plus criminelles, même dans la Cour de Sa Majesté.

10. Ces nouveaux effets de leur malice, firent différer le départ du Courier jusqu'au 10 de Février de l'année derniere 1758. Sa Majesté fit expédier ce jour-là pour son Ministre à Rome de

nouvelles inſtructions relatives aux dernieres inſolences de ces Religieux. (*a*) Elle lui ordonna de les mettre avec les premieres ſous les yeux du Pape Benoît XIV. afin que Sa Sainteté fût auſſi pleinement inſtruite de tous ces excès, que de la très-religieuſe modération de Sa Majeſté & de la très preſſante néceſſité où Elle ſe trouvoit d'apporter de concert avec le Pape le plus prompt reméde à des maux ſi extraordinaires. Sa Majeſté très-Fidele fit en même-tems envoyer des copies de cette derniere Lettre inſtructive à tous ſes Miniſtres dans les Cours étrangeres, afin qu'ils puſſent avoir & donner une connoiſſance aſſurée des meſures que le Roi avoit priſes pour s'oppoſer à de ſi énormes attentats.

11. Les relations & les dépêches dont on vient de parler ayant été miſes ſous les yeux du Saint Pere, ſon profond diſcernement & ſes vives lumieres le convainquirent auſſi-tôt que le Roi très-Fidèle étoit dans la néceſſité indiſpenſable de ſe ſervir du pouvoir dont Dieu l'a revêtu, pour maintenir les

(*a*) C'eſt la ſeconde piéce de ce Recueil.

droits de son autorité souveraine & la tranquillité de ses Etats, suivant que l'y obligent le droit naturel, les devoirs de sa dignité & la légitimité de la défense qui appartient, & a toujours appartenu depuis qu'il y a des Gouvernemens politiques au monde, à tous les peres de famille, pour éloigner de leurs maisons & réprimer efficacement tout ce qui peut y causer des préjudices & du trouble. C'est ce qu'on a toujours pratiqué dans les Etats de l'Europe les plus Catholiques & les plus pieux, quelquefois même dans des conjonctures beaucoup moins délicates & moins pressantes. Sa Sainteté très-touchée de voir que malgré tous ces motifs, tous ces exemples & les fortes raisons qui devoient déterminer le Roi à ne plus suspendre les justes effets de son ressentiment, & le porter à des coups d'autorité, il avoit eu la modération & la bonté de se restreindre à recourir au Saint Siége; Sa Sainteté, dis-je, prit alors la résolution de faire expédier son Bref paternel du premier Avril de l'année derniere, lequel commence par ces mots, *In specula supremæ dignitatis*. Par ce

Bref adressé à l'Eminentissime & Révérendissime Cardinal de Saldanha, le Pape lui conféroit toute la jurisdiction & l'autorité nécessaire pour corriger & réprimer les attentats où se portent sans cesse l'avidité, l'orgueil & la fureur des Religieux de la Société.

12. Ce Bref leur fut signifié le 12 de Mai de la même année derniere. Aussitôt le Cardinal commença à procéder à cette réforme par son Mandement du 15 du même mois. Il y défendoit aux Jésuites le gros commerce qu'ils faisoient en tenant des magasins publics de toutes sortes de marchandises d'Asie & d'Amérique, & des comptoirs de banque ouverte par terre & par mer dans presque toutes leurs maisons & dans des maisons séculieres qu'ils avoient auprès du Port, pour s'épargner les voitures des balots. Par le même Mandement, son Eminence avoit en vûe de faire cesser le scandale criant que ces Religieux n'avoient pas honte de donner par leur commerce, tant aux Officiers & Receveurs du Domaine Royal, dont ils fraudoient les droits, qu'aux Négocians Portugais, par l'impossibilité où ils les réduisoient

réduiſoient de faire leur commerce ; ces Marchands étant obligés de payer les droits des marchandiſes que les Jéſuites vendoient ſans payer d'impôts. Ils donnoient un ſcandale encore plus fâcheux aux étrangers de Religions différentes qui commerçoient dans les Villes de Liſbonne & de Porto, & qui à la vûe de ce grand négoce des Peres de la Campagnie, ſe perſuadoient que l'Egliſe Catholique Romaine permet aux Eccléſiaſtiques de ſouiller leur ſaint miniſtere par la pratique d'un gain ſordide, fruit d'un commerce profane. En un mot, ils ſcandaliſoient le monde entier, qui voyoit des Miniſtres de l'Evangile & des maiſons Religieuſes livrés à une corruption ſi déplorable. C'étoit à tous ces abus que le Cardinal Saldanha s'étoit propoſé de mettre ordre par ſon Mandement.

13. Mais bien loin que le zèle de ſon Eminence & ſa correction paternelle aient pû procurer la réforme de ces Religieux, il en réſulta des effets tout oppoſés à ceux qu'on en devoit attendre. On vit ces Peres, après le Mandement du Cardinal, ſe rendre de jour en jour plus coupables. Ils ne mi-

rent plus de bornes à leur audace, à leur orgueil, à leur obſtination; leurs ſcandales devinrent plus horribles; enfin ils ſe précipiterent dans les plus grandes extravagances où la miſere humaine puiſſe tomber.

14. Dès que le Bref de la réforme & le Mandement du Cardinal leur eurent été ſignifiés, ils firent d'abord tous leurs efforts pour faire accroire, par des inſinuations artificieuſes & clandeſtines, aux perſonnes qu'ils ſçavoient aſſez ſimples pour ajouter foi à leurs impoſtures, que le Bref ne venoit point du Pape, que c'étoit une piéce fauſſe & ſuppoſée, & que la commiſſion que l'Eminentiſſime Réformateur leur avoit fait ſignifier, n'avoit aucune réalité. Y avoit-il rien de plus inſolent qu'une ſemblable impoſture, & de plus audacieux qu'une calomnie auſſi horriblement débitée contre l'honneur & la bonne foi de Sa Majeſté, qui avoit ſollicité & obtenu le Bref, & contre l'Eminentiſſime Cardinal de Saldanha qui en étoit l'exécuteur?

15. On les voyoit en même-tems courir deux à deux avec l'empreſſement le plus affecté, dans les maiſons des

Habitans de cette Capitale & des Cités & Villes de ce Royaume, y abuser par leurs impostures de la crédulité des personnes qu'ils croyoient les plus susceptibles de séduction, leur nier avec la témérité la plus maligne, des faits attestés par la notoriété publique, ce qui s'étoit passé & se passoit encore tous les jours sous les yeux de trois armées entieres & de tous les Habitans du Bresil; leur affirmer qu'il n'y avoit rien de plus faux que la guerre & les séditions qu'ils ont excitées sur les frontieres & dans les contrées Septentrionales & Méridionales de ce pays, quoiqu'il n'y ait point de vérité plus certaine & plus connue, & que cette guerre ait déja coûté au Trésor Royal plus de 26 millons de cruzades. (*a*) Ils assuroient avec une impudence incroyable, que ces guerres & ces séditions étoient de pures chimeres, que l'imputation qu'on leur faisoit d'en être les auteurs, étoit une imposture, que la relation qui en avoit été dressée par les ordres du Roi dans la Secrétai-

(*a*) La Cruzade est une piéce d'argent de Portugal qui vaut 480 reis, ou 50 sols de notre monnoye.

rerie d'Etat sur les Mémoires authentiques des Evêques, Généraux & Officiers de Sa majesté dans ce pays-là, pour être présentés de la part du Roi au Souverain Pontife, sous le titre de *Relation abrégée*, &c. étoit un libelle diffamatoire, un écrit satyrique, une piéce fabriquée par des faussaires. Des discours si impudens, si téméraires, si calomnieux auroient mérité seuls, que le Roi très-Fidele eût fait ressentir à ces pervers & détestables Religieux, les effets les plus séveres de son juste & Royal pouvoir; mais sa très-religieuse clémence prévalut encore sur son courroux.

16. Cette effronterie, cette témérité, ces mensonges ne demeurerent pas renfermés dans ce Royaume, au contraire les Jésuites de Portugal, de concert & d'accord avec leurs confreres habitués dans les autres Royaumes & Etats de l'Europe, n'ont pas cessé d'y reprendre leurs impostures abominables avec les mêmes artifices & l'empressement le plus criminel. Elles ont été le sujet ordinaire de leurs lettres & de leurs conversations. Toutes les Cours le sçavent, & rien n'est plus notoire. Par ces impostures, ces Religieux se

préparoient à effectuer de plus grands attentats, dont ils avoient dès-lors formé le projet, comme on va le faire voir dans un moment.

17. Dans ces circonstances, dont Joseph Manuel (*a*) Cardinal, Patriarche de Lisbonne, fut déterminé par les plus puissans motifs à rendre son Ordonnance du 7 Juin de l'année derniere. Il étoit instruit des censures fulminées dans la Bulle *ex debito pastoralis Officii* du Pape Urbain VIII. du 22 Février 1633, & dans celle de Benoît XIV. du 20 Décembre 1741, qui commence par ces mots *immensa Pastorum Principis*, avec excommunication *latæ Sententiæ* contre les Religieux commerçans. Son Eminence voyoit que ceux de la Compagnie de Jesus avoient fait & faisoient encore dans leurs maisons consacrées à Dieu, & dans les magasins qu'ils tenoient hors de ces maisons, un gros commerce tout public, & qu'ils y exerçoient aussi publiquement la banque & les changes, ce qui avoit servi de fondement à l'Ordonnance du Cardinal Réformateur. Il sçavoit qu'il est de foi que le commerce défendu

(*a*) d'Atalaya.

par les deux constitutions ci-dessus rapportées, mérite les censures qu'elles fulminent. D'ailleurs le trafic & les bureaux d'usure de ces Religieux étoient si publics, qu'il étoit impossible de nier le fait. Son Eminence avoit donc une juste raison de croire comme une vérité certaine & indubitable, que ces Religieux non-seulement avoient encouru les censures portées par les Bulles, mais encore qu'ils étoient endurcis & obstinés dans la transgression de ces Loix Apostoliques. Il en concluoit qu'après le dernier Bref de Réforme *In specula supremæ dignitatis* du premier Avril de l'année derniere, dans lequel le Pape Benoît XIV ordonna l'exécution des deux Constitutions précédentes, & que le Cardinal Réformateur avoit fait publier avec son mandement, il ne pouvoit plus sans un abus criminel & sans un scandale général, souffrir que ces Religieux si notoirement opiniâtres & endurcis dans le mépris des censures dont ils étoient frappés, exerçassent le saint Ministere dans son Patriarchat, jusqu'à ce que par la cessation de leur négoce & de leurs changes usuriers, on eût des preuves publiques & certaines de leur soumission au decret du Saint Siége Apostolique & au Mandement du Cardinal Réformateur. Le Cardinal Patriarche étoit encore aussi frappé qu'il le devoit être de la rébellion formelle & très-certaine que ces Religieux avoient excitée contre Sa Majesté & son Gouvernement, par l'abus qu'ils avoient fait du Saint Ministere, pour tromper les Sujets de ce Prince & anéantir dans leur cœur, par leurs pratiques clandestines & leurs calomnieuses suggestions, le respect & l'amour que tous les sujets de Sa Majesté lui doivent, non-seulement comme à leur Roi & Souverain Seigneur, mais encore comme à un pere très-clément & plein de la plus vive tendresse. Son éminence ne pouvoit douter que des Religieux, qui par conséquent étoient tout à la fois coupables d'une désobéissance formelle & opiniâtre au Saint Siége Apostolique, & d'infidélité envers leur Souverain naturel, n'eussent eux-mêmes un extrême besoin de correction & de reformation, ce qui les rendoit visiblement & absolument incapables de diriger les consciences. Enfin, l'Eminentissime Patriarche, convaincu de la nécessité indispensable pour l'Etat & la Religion, de remédier au plutôt à des abus si réels, si déplorables, ne crut pas devoir differer plus long temps cette Ordonnance, par laquelle il interdit à tous les Religieux de la Compagnie, la Confession & la Prédication dans toute l'étendue de son Patriarchat.

18. Cette démarche lui paroissoit appuyée sur des raisons si justes, que peu de tems après, étant à l'article de la mort, comme on le supplioit de lever l'interdit qu'il avoit prononcé contre les Jésuites, il fit cette réponse, dans laquelle il persévéra jusqu'au dernier soupir : *Quoique j'aie fort aimé ces Religieux, je ne vois pas qu'il soit survenu aucun nouveau motif de me faire changer ce que j'ai ordonné à leur égard, pour satisfaire à l'indispensable obligation de ma conscience.*

19. Mais voici quelque chose de plus fort encore que tout ce que nous venons de dire. Dans le tems même que les Supérieurs des Jésuites continuoient d'accumuler depuis tant d'années en Amérique révoltes sur révoltes,

violences ſur violences, uſurpations ſur uſurpations, dans le tems qu'en Europe, & même à la Cour de Rome ils entaſſoient inſultes ſur inſultes, impoſtures ſur impoſtures; le Général de ces Religieux faiſoit l'étonné & l'ignorant de tout ce qui s'étoit paſſé & ſe paſſoit encore de contraire à l'honneur & au ſervice du Roi dans le ſein de ſa propre Compagnie, à la vûe de toute l'Amérique, de l'Europe entiere, & même de la Cour de Rome, où il réſide. Affectant ſur tout cela l'air d'un homme qui n'y auroit pas eu plus de part qu'à des choſes qui ſe feroient paſſées il y a deux cens ans dans les iſles du Japon, d'où l'on ne reçoit plus de nouvelles depuis long-tems, il eut l'effronterie de préſenter à Sa Sainteté le captieux Mémorial du 31 Juillet 1758.

20. Après y avoir artificieuſement allégué cette ignorance hypocrite, & fauſſement déclarée qu'il n'avoit reçu aucun avis des déſordres de ſes Religieux, ce Général ſous la vaine apparence d'une humilité de langage qui ne quadre nullement avec le fond de ſon Mémorial, a la témérité d'y avan-

cer les deux choſes du monde les plus arrogantes & les plus inſupportables.

La premiere, c'eſt cette prétention inouie & ſi exceſſivement offençante pour la Couronne de Portugal & l'autorité de Sa Majeſté Très-Fidèle, que le Pape doit évoquer à Rome la réforme dont le Bref a été accordé aux inſtances de Sa Majeſté, & les procédures commencées pour cette affaire en Portugal, depuis le 2 Mai de l'année derniere.

La ſeconde, c'eſt l'horrible & criminelle menace, contenue dans ces paroles du Mémorial. *De plus il eſt fort à craindre que cette viſite au lieu d'être utile pour la réforme, ne donne lieu à des troubles qui ne ſeront pas fort propres à la procurer.* Le ſens littéral & naturel de ces étranges paroles, c'eſt que ſi l'on ne renonce au projet de cette réforme, ordonnée par le Souverain Pontife à l'inſtance de Sa Majeſté Très-Fidèle, ces Religieux que l'on a cru réformables, ne ceſſeront de remplir de trouble ce Royaume & ſes dépendances; c'eſt dire en un mot, que les déciſions des Papes & les réſolutions des Souverains, quand elles ne favoriseront pas les relâchemens des Jésuites, ne produiront jamais d'autres effets, que d'exciter ces Peres à causer de nouveaux troubles.

21. Lorsqu'on lut à la Cour & dans la Ville de Lisbonne cette menace & les paroles qui l'annoncent, on fut frappé de leur arrogance, & on les jugea dignes d'être condamnées comme des expressions d'une barbarie sacrilége, capables d'offenser tous les fidèles qui respectent la Religion, & à qui la vraie politique a donné une idée claire de la vénération qu'on doit avoir pour les Ordonnances Apostoliques, & de l'exemple que les Ecclésiastiques sont obligés de donner aux Laïques de la soumission & du respect dûs à leurs Souverains; soumission si indispensable & si nécessaire, qu'on ne verroit subsister sans elle aucuns Royaumes ni Etats dans ce monde, & que la conservation même du Siége Apostolique en dépend évidemment.

22. Le pernicieux venin renfermé dans le Mémorial ne tarda pas à se manifester. On vit éclater très-peu de tems après la date de cet écrit, ce funeste événement, qui maintenant est

connu de tout l'Univers, & qui l'a si hautement convaincu des justes & indispensables motifs, qui avoient déterminé le feu Cardinal Patriarche, comme il s'en est expliqué avant sa mort, à interdire les Chaires & les Confessionnaux de son Diocèse aux Religieux de la Compagnie. Tout le monde vit dans cet attentat l'accomplissement de la menace, par laquelle le Général de la Compagnie avoit prédit que la commission du Visiteur seroit entierement inutile pour la réforme, & qu'elle ne feroit que causer des troubles dans ce Royaume.

23. Le Cardinal Patriarche mourut le 9 Juillet de l'année derniere, & la menace du Général des Jésuites fut mise sous les yeux de Sa Sainteté le 31 du même mois, avec le Mémorial. Ils crurent pouvoir le présenter ce jour-là sans risque, parce que dès-lors tout étoit diposé pour une prompte exécution de la menace qu'il contenoit.

En effet, il n'y eut que le mois d'Août d'intervalle entre le jour de la présentation du Mémorial & la malheureuse nuit du 3 de Septembre 1758. funeste époque de ce parricide exécrable qui a saisi d'horreur tout l'Univers, & que la fidélité Portugaise déplorera jusqu'à la fin des siécles.

24. Trois mois de recherches continuelles, faites avec toute la prudence, l'exactitude & le soin possible, les réflexions les plus sérieuses & les plus mures, l'examen le plus pénétrant & fait avec toute l'attention que l'exigeoit un tel crime, ont fourni des preuves indubitables que ce crime avoit eu pour principe un complot, dont les Supérieurs des Jesuites étoient les auteurs. Leurs Maisons Professes, leurs Collèges, leurs résidences ont été les bourbiers vénimeux & empestés où s'étoient empoisonnés les malheureux exécuteurs de ce sacrilége parricide. C'est-là qu'ils ont puisé les leçons & les avis qui les ont portés à le commettre. Les Supérieurs & la plûpart de ces Religieux ont été les chefs les plus abominables & les plus endurcis de l'infernale conjuration qui a enfanté ce détestable forfait.

25. Dans l'instruction de ce malheureux procès, on a acquis toutes les preuves des prédictions que les Jesuites avoient eu la méchanceté de répandre

ceptés & ſaiſis, les aveux des coupables, les dépoſitions de pluſieurs témoins oculaires, enfin le corps même du délit, qui eſt l'objet & le fondement de cet Arrêt définitif. Il a été prononcé par pluſieurs Miniſtres de la Juſtice, choiſis par Sa Majeſté Très-Fidèle dans les principaux Tribunaux de la Ville de Liſbonne, & préſidés par trois Secrétaires d'Etat. Le Roi a voulu que les coupables fuſſent entendus, & ils l'ont été dans pluſieurs ſéances, après avoir eu auſſi par les ordres de Sa Majeſté, (contre ce qui ſe pratique ordinairement en cas ſemblable,) communication & copie des charges portées contr'eux. Enfin, le Roi a eu la bonté de nommer un des principaux Conſeillers du Tribunal de la Supplication (*a*) de cette Capitale pour leur ſervir de Défenſeur, malgré la notoriété & la noirceur de leur déteſtable crime.

27. La publication de cet Arrêt du

(*a*) C'eſt la premiere & ſouveraine Cour de Lisbonne, qui reçoit l'appel de tous les autres Tribunaux du Royaume, & dont les Jugemens ſont en dernier reſſort. C'eſt comme les Parlemens en France. Blureau, *vocab. Portug.*

12 Janvier dernier & l'exécution qui en fut faite le lendemain, ont fourni à Sa Majeſté un nouveau motif indiſpenſable de faire mettre dans des priſons particulieres les Jéſuites qu'on a reconnus pour les principaux coupables de cette conjuration, & d'ôter à tous les autres toute communication avec ſes Fideles ſujets, en plaçant des Gardes autour des maiſons de ces Religieux. Sa Majeſté a cru devoir encore faire mettre en ſéqueſtre tous leurs biens, comme étant les biens des ennemis de ſa Perſonne Royale & de ſon Etat, déclarés tels par l'Arrêt d'un auſſi reſpectable Tribunal que la *Junte de l'Inconfidence*. Cette conduite de Sa Majeſté a tranquilliſé le zèle & appaiſé les plaintes de ſes fidèles Sujets, & a fait voir, d'une maniere auſſi ſenſible que pouvoit le permettre un cas ſi affreux, les égards du Roi pour Sa Sainteté.

28. Il n'étoit pas poſſible d'en donner un témoignage plus évident & plus complet, que ces paroles dont Sa Majeſté s'eſt publiquement ſervie dans ſa Lettre Royale (*Carta Regia*) (*a*) en

(*a*) C'eſt cette Ordonnance par laquelle S. M. T. F. a ordonné la réclusion des Jéſuites & le ſéqueſtre de leurs biens.

disant, *qu'Elle ne donnoit ces ordres qui par voie d'une œconomie indiſpenſable, & parce que la néceſſité abſolue de la défenſe qu'Elle doit naturellement à ſa Perſonne Royale, à ſon Gouvernement & au repos public de ſes Etats & de ſes Sujets, exigeoit ces précautions, en attendant ſon recours au Siége Apoſtolique.*

Le diſcernement exquis de Sa Sainteté verra ſans doute & reconnoîtra dans ces expreſſions, toute l'étendue des égards du Roi pour le Saint Siège. Elle ne manquera pas aſſurément d'en faire la comparaiſon avec ce qui s'eſt pratiqué dans tous les pays Catholiques de l'Europe, & même dans ce Royaume, quand il a été queſtion de punir des crimes auſſi horribles que celui dont il s'agit, & même dans des circonſtances bien moins graves & moins affreuſes. Sa Sainteté y verra que les Eccléſiaſtiques coupables de conſpiration contre le ſalut public des Etats & des peuples, ont toujours été jugés indignes de la protection de l'Egliſe Catholique.

29. Par un autre trait bien exemplaire de ſa Religion, Sa Majeſté très-Fidèle n'a pas tardé à informer tous les

Evêques de ses Etats, des erreurs que les Jésuites sont convaincus d'y avoir semées de tous côtés; son intention étant que les Prélats instruits de ces erreurs, préservassent les brebis confiées à leurs soins d'une contagion aussi venimeuse que celle qui s'étoit déja répandue dans le Patriarchat de Lisbonne, & qui avoit déterminé le feu Cardinal Patriarche à interdire à ces Religieux la prédication & la confession.

30. Mais ce qui met le comble à tout le reste, c'est que Sa Majesté par des preuves précises, claires & convaincantes, a acquis la connoissance très-certaine, qu'après les horribles attentats que ces Religieux ont commis, ou qu'ils ont fait commettre, ils n'en ont pas été plus abattus ni plus modérés: un Arrêt solemnel, revêtu de toute l'autorité de la chose jugée, rendu avec une telle circonspection, une si parfaite connoissance de cause, par les Juges les plus habiles, les plus integres & les plus respectables, étoit plus que suffisant pour donner à ce qu'il atteste la certitude la plus constante & la plus notoire; & cependant la notoriété de cet Arrêt n'a pas été capable d'abattre

ces Religieux, quoiqu'il soit appuyé sur des faits manifestes, & notamment sur le perfide attentat commis le 3 Septembre de l'année 1758, contre la Personne Royale de Sa Majesté, sur la preuve des calomnies, par lesquelles les Jésuites s'efforcent depuis si long-tems de rendre odieux le nom auguste de ce Monarque; sur les prédictions qu'ils ont fait eux-mêmes de ce funeste événement, sur les dépositions de témoins oculaires; enfin sur le fait précis de la conspiration que ces Religieux ont tramé avec les autres criminels. Après de si grands, & de si horribles forfaits, ces Religieux, bien loin de s'humilier & de paroître couverts de confusion & de repentir, s'abandonnent à une conduite toute contraire. On les voit encore se livrer plus que jamais à tout leur orgueil, & mettre en usage ces manieres artificieuses & séduisantes, qu'ils sçavent si bien employer, quand de semblables événemens leur arrivent. Les histoires en sont remplies depuis le tems de leur relâchement. A deniers comptans, ils achetent des Partisans & des Protecteurs, ils vomissent partout de nouvelles infamies, de nouvelles impoſtures contre Sa Majeſté très-Fidele & ſon Gouvernement. Ils s'efforcent par ces voies déteſtables de ſéduire les peuples qui ne ſont point au fait, & que leur peu d'inſtruction ou leur reſpect trop peu précautionné pour l'habit religieux, rend ſuſceptibles d'une crédulité capable d'ajouter foi à ces infames diſcours, ſans prendre garde qu'ils partent d'un cœur entierement corrompu par la haine de la vérité.

31. A la vue de tant d'inſultes & de forfaits, de ſéditions & rébellions en Amérique, qui dès le moment où le Roi très-Fidele a voulu prendre une exacte connoiſſance de l'état de ſes Domaines en ce pays-là, ont mis les armes à la main de ces Religieux contre leur Souverain, & lui ont attiré une guerre, qui lui coûte déja plus de 26 millons de cruzades : d'autres ſéditions, rébellions & attentats dans ce Royaume contre la Royale Perſonne & le Gouvernement de Sa Majeſté : d'impoſtures vomies dans toute l'Europe contre le Roi & ſes Miniſtres; d'excès pernicieux & inouis, de licences effrénées, d'outrages infames qui rempliſſent aujourd'hui toute l'Europe

de ſcandales manifeſtes : à la vûe, dis-je, de ſi grands & de ſi horribles crimes, Sa Majeſté très Fidele eſpere que Sa Sainteté reconnoîtra l'abſolue néceſſité qui oblige ce Monarque de conſidérer ce que dans une conjoncture ſi importante il doit à Dieu, pour s'acquitter des obligations qu'il lui a impoſées en le plaçant ſur le Trône; ce qu'il doit à ſon autorité royale, ce qu'il doit à tous les autres Monarques & Potentats de l'Europe, qui auroient un juſte ſujet de lui reprocher l'injure faite à l'autorité ſouveraine, ſi par le plus pernicieux de tous les exemples, des crimes ſi énormes demeuroient ſans une punition très-ſévere; ce qu'il doit à la tranquillité publique de ſes Royaumes & Etats: ce qu'il doit pour la réparation du ſcandale univerſel donné à toutes les nations civiliſées, qui aiment & reſpectent leurs Souverains comme les Oints du Seigneur : ce qu'il doit enfin à la fidélité exemplaire, & à la juſte attente de tous les peuples que Dieu lui a confiés, qui tous univerſellement, depuis les plus grandes Villes juſqu'aux plus petites Bourgades, ne ceſſent de requerir & de demander à grands cris qu'il ſoit fait juſtice des coupables qui ont ſi criminellement ſcandaliſé & deshonoré la fidélité Portugaiſe, en s'efforçant de l'enſevelir ſous la ruine entiere de la Monarchie. Sa Majeſté eſt donc forcée d'appliquer ſans plus de délai à des maux ſi extrêmes & ſi invétérés, par l'avis de pluſieurs des Miniſtres de ſon Conſeil & des Officiers de ſa Cour Souveraine, auſſi habiles que pieux, que Sa Majeſté a religieuſement conſultés & entendus ſur une affaire d'une ſi grande conſéquence, les derniers remédes qui ſont expoſés à Sa Sainteté dans la Lettre que le Roi a ſignée de ſa main. Sa Majeſté eſpere, comme un fils très-ſoumis & très-obéiſſant, d'un pere ſi rempli de lumiere & de charité que l'attention profonde & les ſérieuſes réflexions avec leſquelles Elle s'eſt conduite dans une affaire ſi importante, lui mériteront pour tout le paſſé la Bénédiction Apoſtolique, que Sa Majeſté deſire avec ardeur, à l'imitation de ſes auguſtes prédéceſſeurs, & lui procureront pour l'avenir l'avantage de voir Sa Sainteté concourir avec l'autorité Royale pour mettre fin à des maux ſi extrêmes & ſi préjudiciables au bien public & au repos de ſes Sujets, & pour faire ceſſer les ſcandales cauſés dans toute la Chrétienté par les derniers déſordres que les Jéſuites ont commis dans le Portugal & dans toutes ſes dépendances. Fait à N. D. d'Ayuda le 20 Avril 1759.

FIN.

www.ingramcontent.com/pod-product-compliance
Ingram Content Group UK Ltd.
Pitfield, Milton Keynes, MK11 3LW, UK
UKHW020324220726
13923UKWH00003B/1353

9 782019 320744